FULL SCORE
WSB-09-005

吹奏楽譜 ブラスロック・シリーズ

BRASS ROCK

第九 Brass Rock

作曲：Ludwig van Beethoven　編曲：野崎雅久

*イタリック表記の楽譜はオプション

楽器編成表

Piccolo	B♭ Trumpet 1	Timpani
Flutes 1（& *2）	B♭ Trumpet 2	Drums
Oboe	*B♭ Trumpet 3*	Tambourine
Bassoon	F Horn 1	Percussion
B♭ Clarinet 1	F Horn 2	....Triangle, Sus.Cymbal
B♭ Clarinet 2	Trombone 1	Glockenspiel
B♭ Clarinet 3	Trombone 2	
Bass Clarinet	*Trombone 3*	
Alto Saxophone 1	Euphonium	Full Score
Alto Saxophone 2	Tuba	
Tenor Saxophone	Electric Bass	
Baritone Saxophone		

*イタリック表記の楽譜はオプション

吹奏楽譜 ブラスロック・シリーズ

第九 Brass Rock

曲目解説

　ベートーヴェンの『第九』が、ロックを基調とした8ビートや16ビートのリズムに迫力の管楽器サウンドを融合させたウィンズスコア独自のブラスロックに！

演奏のポイント

　年末と言えば『第九』の時期です。皆さんも1年間いろいろなことがあったことを思い出すでしょう。その思い出をすべてこの『第九』のロックに乗せて演奏してください！今回は有名な第4楽章の「歓喜」のテーマのみを使い、いろいろなかたちに変奏させてみました。それぞれの移り変わりを楽しんでみてください。
　テンポが速いですが譜面的にはそれほど難しくないと思うので、落ち着いてゆっくりと練習してみてください。軸を作るためには、ベースラインとドラムだけでセッションすることも大切になってくるかもしれません。最後のメインテーマは大団円に向かって思いっきりの演奏を期待します！
　それではよいお年を！

(by 野崎雅久)

編曲者プロフィール / 野崎雅久(Gaku Nozaki)

　静岡県浜松市出身。
　幼少の頃より椙山知子氏に音楽の基礎を学ぶ。音楽を学ぶにつれ、次第にロックやジャズに興味を持ち、バンド活動を始める。高校時代に初めて吹奏楽に触れ、吹奏楽曲の編曲を始める。大阪芸術大学入学後、各地でバンド活動を行い様々なイベントに出演する傍ら、音楽の空間性、多様性、コンピューターを使った音楽制作技術及び作曲法を学び、ミニマルミュージック、ミュージックコンクレートなどの作品を数多く手がける。吹奏楽関連では編曲、指導を行い現在に至る。
　これまでにピアノを金原美津子、狩野美紀子、U.シュニーベルガーに師事。音楽制作法を志村哲等に師事。吹奏楽の編曲法については宮川彬良氏にアドバイスを受けた。

DAIKU Brass Rock - 2

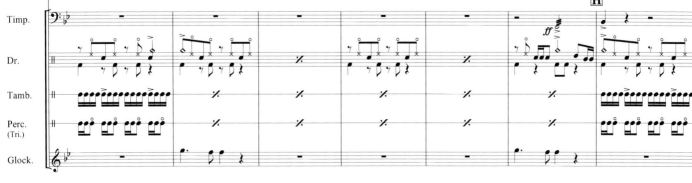

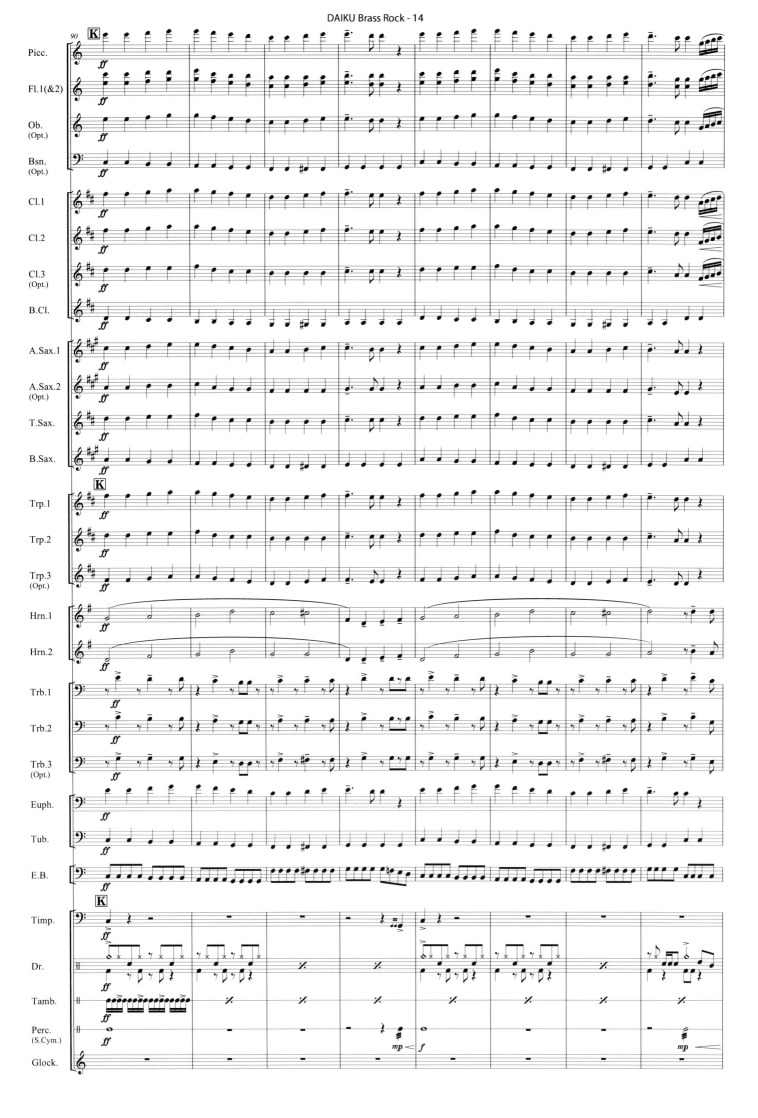

ご注文について

ウィンズスコアの商品は全国の楽器店、ならびに書店にてお求めになれますが、店頭でのご購入が困難な場合、当社WEBサイト・電話からのご注文で、直接ご購入が可能です。

◎当社WEBサイトでのご注文方法

winds-score.com

上記のURLへアクセスし、オンラインショップにてご注文ください。

◎お電話でのご注文方法

TEL.0120-713-771

営業時間内に電話いただければ、電話にてご注文を承ります。

※この出版物の全部または一部を権利者に無断で複製(コピー)することは、著作権の侵害にあたり、著作権法により罰せられます。

※造本には十分注意しておりますが、万一、落丁・乱丁などの不良品がありましたらお取り替えいたします。また、ご意見・ご感想もホームページより受け付けておりますので、お気軽にお問い合わせください。

Piccolo

第九 Brass Rock

Comp.by Ludwig van Beethoven
Arr.by Gaku Nozaki

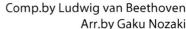

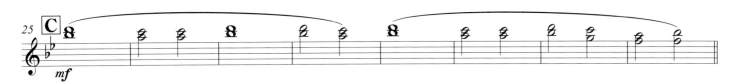

Oboe (Option)

第九 Brass Rock

Comp.by Ludwig van Beethoven
Arr.by Gaku Nozaki

Oboe
(Option)

Bassoon
(Option)

第九 Brass Rock

Comp.by Ludwig van Beethoven
Arr.by Gaku Nozaki

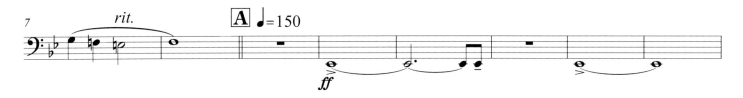

Bassoon
(Option)

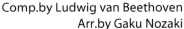

第九 Brass Rock

Comp.by Ludwig van Beethoven
Arr.by Gaku Nozaki

B♭ Clarinet 1

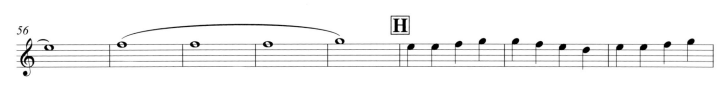

B♭ Clarinet 2

第九 Brass Rock

Comp.by Ludwig van Beethoven
Arr.by Gaku Nozaki

B♭ Clarinet 3
(Option)

第九 Brass Rock

Comp.by Ludwig van Beethoven
Arr.by Gaku Nozaki

Bass Clarinet

第九 Brass Rock

Comp.by Ludwig van Beethoven
Arr.by Gaku Nozaki

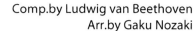
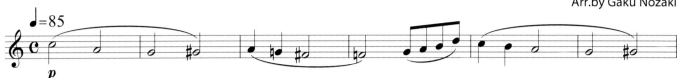

Alto Saxophone 1

第九 Brass Rock

Comp.by Ludwig van Beethoven
Arr.by Gaku Nozaki

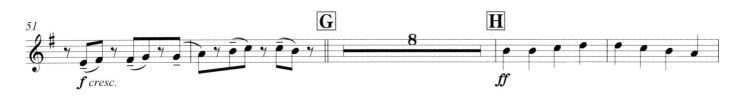

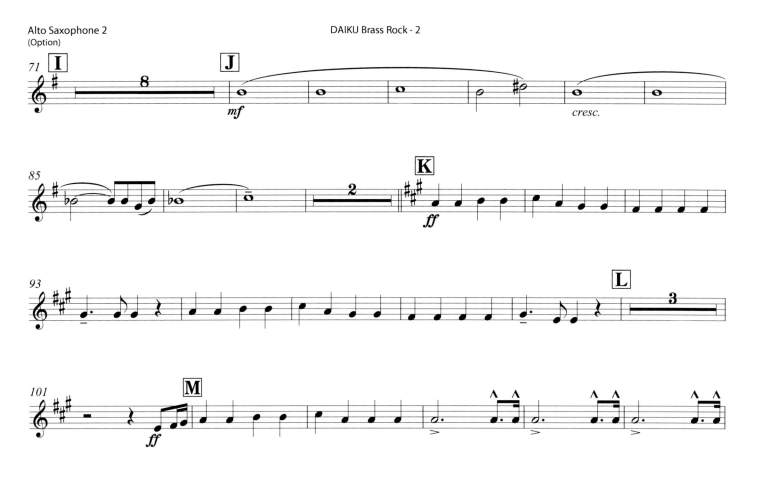

Tenor Saxophone

第九 Brass Rock

Comp.by Ludwig van Beethoven
Arr.by Gaku Nozaki

Tenor Saxophone

Baritone Saxophone

第九 Brass Rock

Comp.by Ludwig van Beethoven
Arr.by Gaku Nozaki

B♭ Trumpet 1

第九 Brass Rock

Comp.by Ludwig van Beethoven
Arr.by Gaku Nozaki

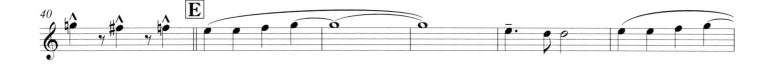
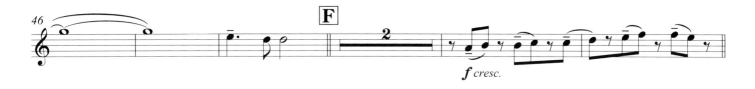

B♭ Trumpet 2

第九 Brass Rock

Comp.by Ludwig van Beethoven
Arr.by Gaku Nozaki

B♭ Trumpet 3
(Option)

第九 Brass Rock

Comp.by Ludwig van Beethoven
Arr.by Gaku Nozaki

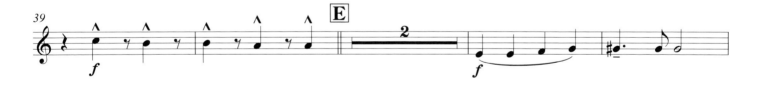

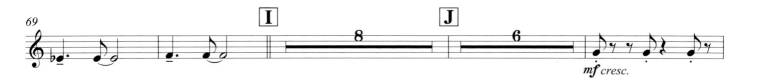

Trombone 1

第九 Brass Rock

Comp.by Ludwig van Beethoven
Arr.by Gaku Nozaki

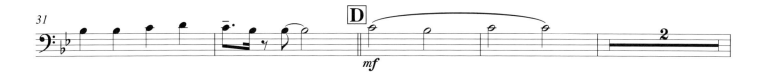

Trombone 2

第九 Brass Rock

Comp.by Ludwig van Beethoven
Arr.by Gaku Nozaki

Trombone 2 — DAIKU Brass Rock - 2

Trombone 3
(Option)

第九 Brass Rock

Comp.by Ludwig van Beethoven
Arr.by Gaku Nozaki

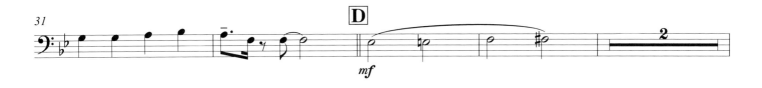

Euphonium

第九 Brass Rock

Comp.by Ludwig van Beethoven
Arr.by Gaku Nozaki

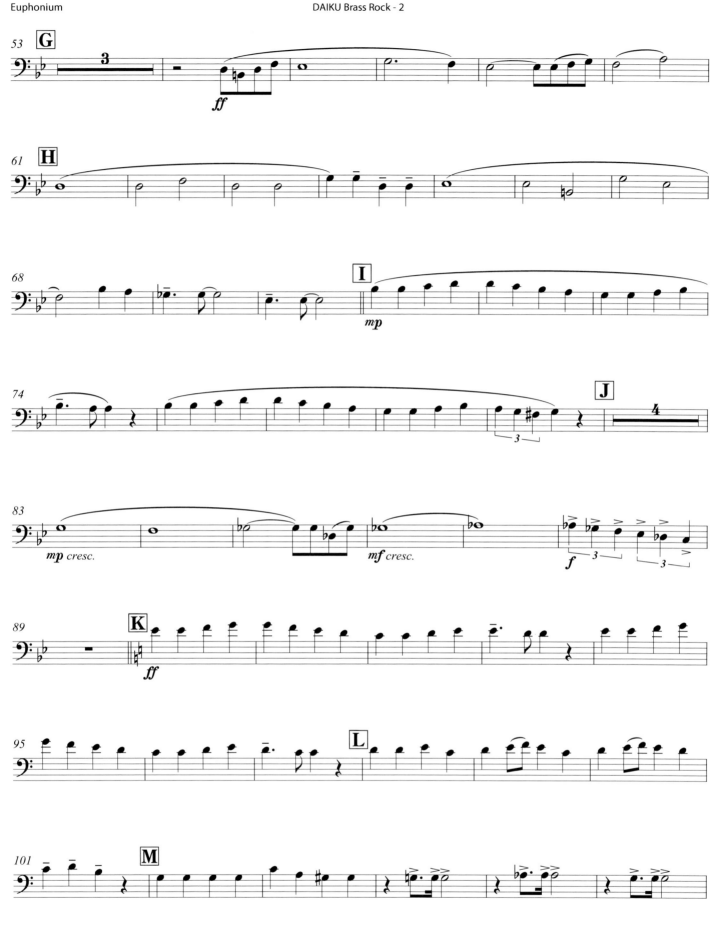

Tuba

第九 Brass Rock

Comp.by Ludwig van Beethoven
Arr.by Gaku Nozaki

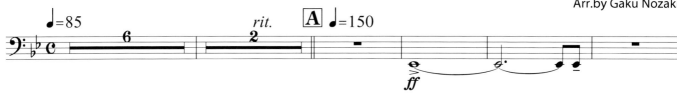

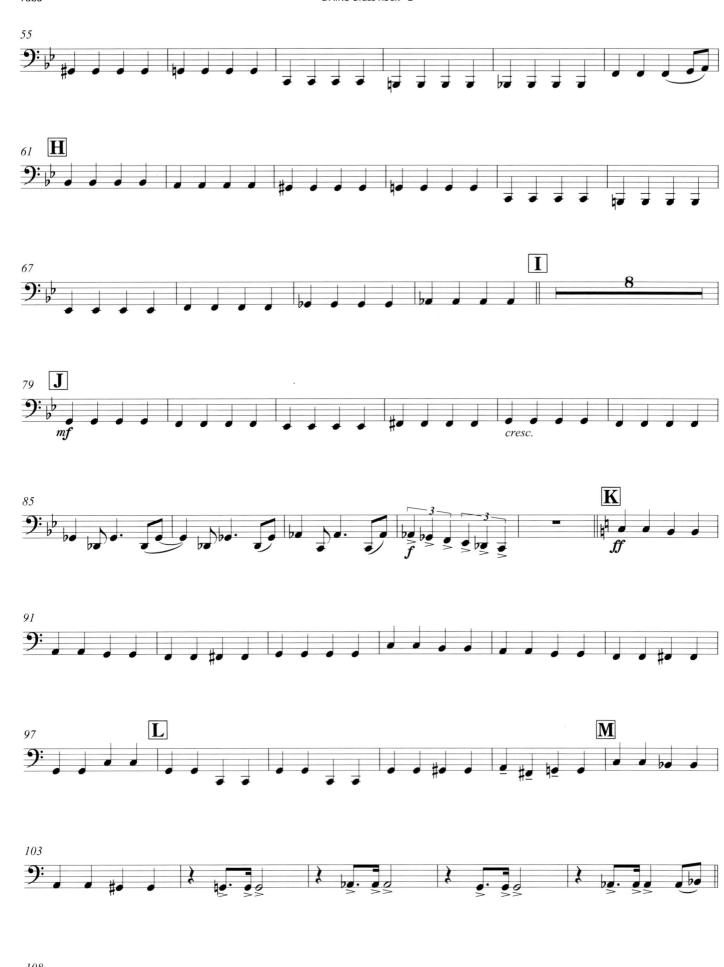

Electric Bass Guitar

第九 Brass Rock

Comp.by Ludwig van Beethoven
Arr.by Gaku Nozaki

Timpani

第九 Brass Rock

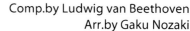

Comp.by Ludwig van Beethoven
Arr.by Gaku Nozaki

MEMO

第九 Brass Rock

Drums

Comp.by Ludwig van Beethoven
Arr.by Gaku Nozaki

Drums   DAIKU Brass Rock - 2

Tambourine

第九 Brass Rock

Comp.by Ludwig van Beethoven
Arr.by Gaku Nozaki

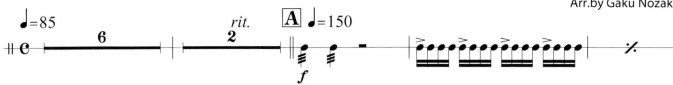
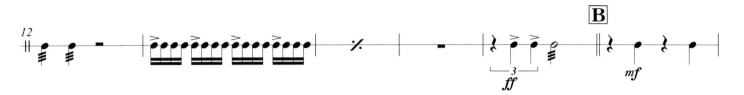
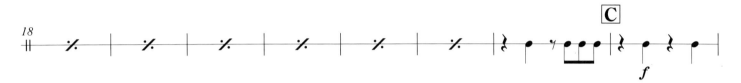
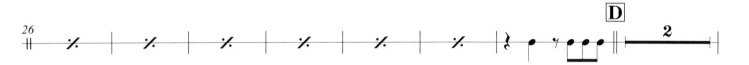
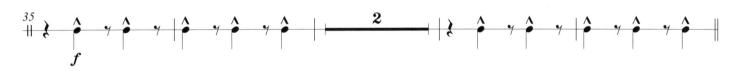
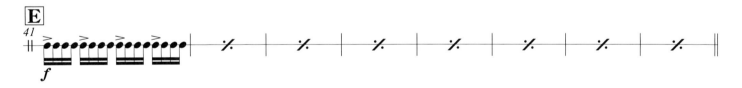
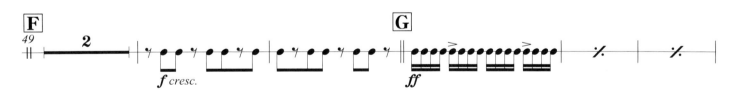
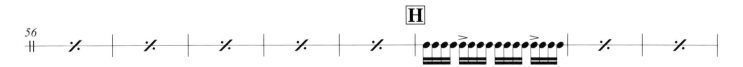

Tambourine   DAIKU Brass Rock - 2

第九 Brass Rock

Percussion (Triangle, Sus.Cymbal)

Comp. by Ludwig van Beethoven
Arr. by Gaku Nozaki

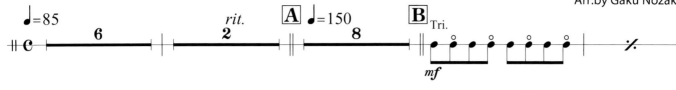

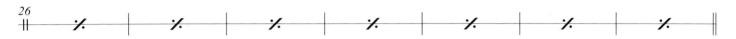

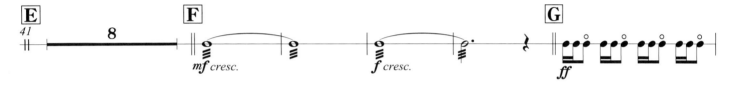

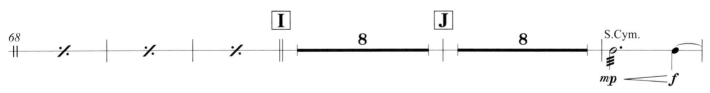

MEMO

Glockenspiel

第九 Brass Rock

Comp.by Ludwig van Beethoven
Arr.by Gaku Nozaki

Glockenspiel

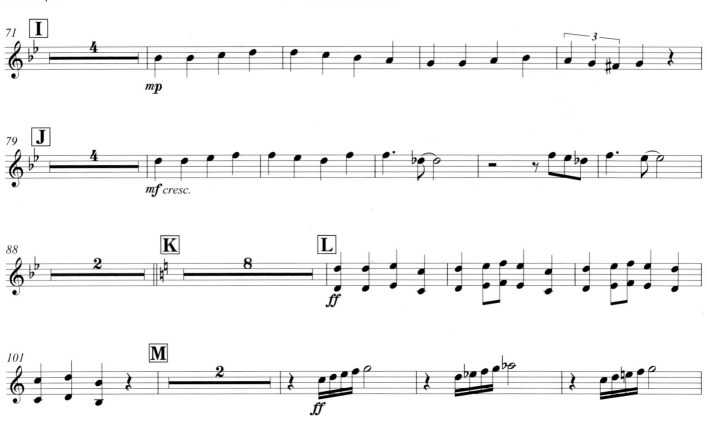